Christine Salzmann

Gartenfest bei Lili

Eine Geschichte mit Rezepten

Herold

Die Deutsche Bibliothek – CIP-Einheitsaufnahme

Salzmann, Christine:
Gartenfest bei Lili : eine Geschichte mit Rezepten / Christine Salzmann. –
München : Herold, 1999
ISBN 3-7767-1025-X

1. Auflage 1.-3. Tausend

gesetzt aus der Palatino 16/19 Punkt
gedruckt auf 150 g Claudia Star

Lithos: scan & dtp Dorfmeister, München
Druck: J. P. Himmer, Augsburg
Bindung: Hollman, Darmstadt

ISBN 3-7767-1025-X

Wir danken unseren Partnern und Lieferanten!

An einem heißen Juninachmittag sitzt Lili an ihrem Küchentisch und schreibt eine Einladung.

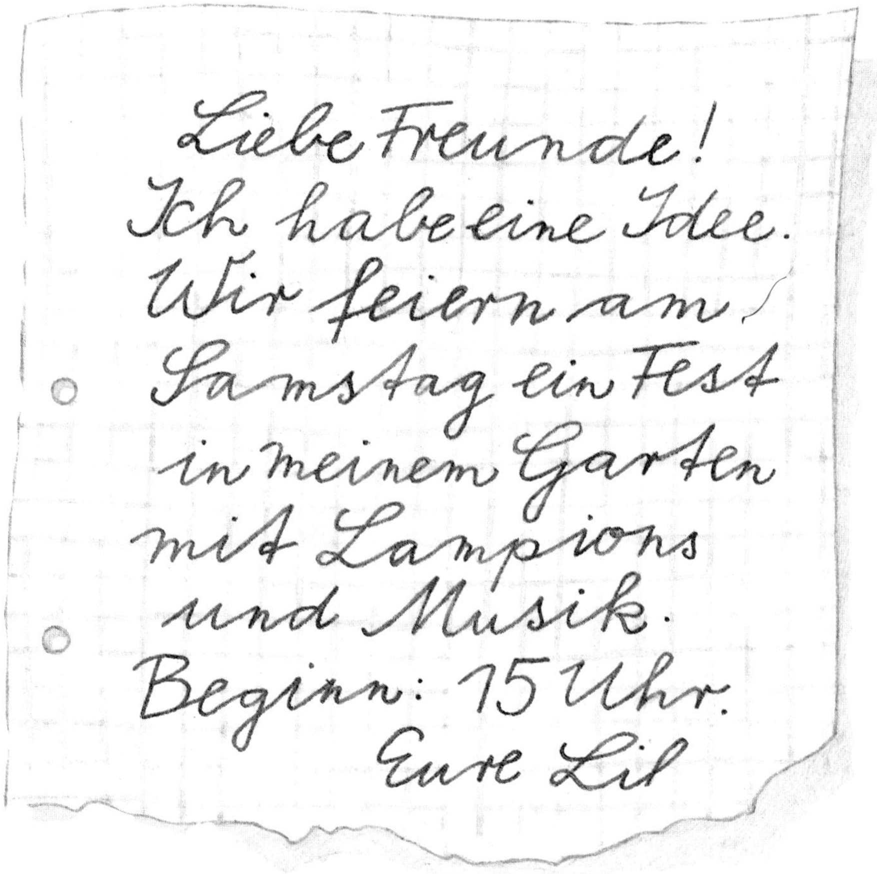

Lili hat das letzte Wort noch nicht fertig geschrieben, als ihr ein brenzliger Geruch in die Nase steigt.
Sofort springt sie auf und rennt zum Herd.
Über der Pfanne hängt eine dicke Qualmwolke.
Lili dreht das Gas aus. Vor ihr liegen vier schwarze Klumpen, die einmal Kartoffelpuffer werden sollten.
„Das ist nun schon die dritte Pfanne", seufzt sie und schreibt unter die Einladung:

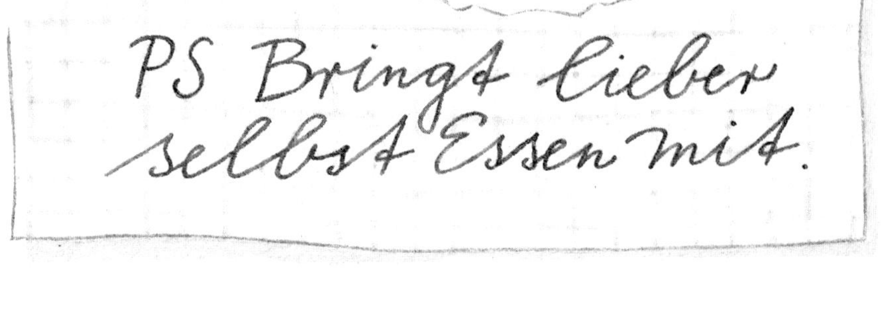

Lili macht den Zettel am Gartentor fest. So kann jeder, der vorbeigeht, die Einladung lesen.

Am nächsten Morgen ist Lili mit den Vorbereitungen für das Fest beschäftigt. Sie trägt ein Dutzend Stühle in den Garten, bringt Lampions an und verteilt Girlanden.

Ihr Nachbar Oskar Breitpfote, ein freundlicher Hase, hilft Lili, den Tisch aufzustellen. Der Nachmittag rückt näher. Lili macht das Gartentor weit auf und wartet mit Oskar auf die Gäste.

Als Erste kommen Rolli, Paul und Mimi, die Hasendrillinge. Sie bringen einen Topf Bowle mit.

Kinderbowle

Zutaten:

3 Äpfel
2 Esslöffel Zucker
2 Flaschen Apfelsaft
2 Flaschen Mineralwasser (mit Kohlensäure)

So wird es gemacht:

- Schäle die Äpfel
  und entferne Stiel, Blüte und Kerngehäuse.
- Schneide die Äpfel in kleine Würfel,
  gib sie in einen großen Bowletopf
  und bestreue sie mit dem Zucker.
- Gieße den Apfelsaft darüber
  und lasse die Bowle durchziehen.
- Gib kurz vor dem Servieren
  das Mineralwasser dazu.

Nach ihnen erscheint die Ziege Hedwig mit einer Schüssel ihres Lieblingsjoghurts und einem Sandwichpaket, das ihr Martha Emmenthal mitgegeben hat.

Apfel-Bananen-Joghurt

Zutaten für 3 bis 4 Portionen:

500 g einfacher Joghurt
1 Apfel
2 Bananen
2 Esslöffel gehackte Nüsse
1 Messerspitze Zimt
1 Esslöffel Zucker

So wird es gemacht:

- Schneide den Apfel, wenn du ihn von Stiel, Blüte und Kerngehäuse befreit hast, in kleine Würfel.
- Schäle die Banane und schneide sie in dünne Scheiben.
- Gib die Apfelstückchen und die Bananenscheibchen in eine Schüssel und vermische sie mit dem Joghurt.
- Gib die Nüsse und den Zimt dazu und schmecke das Ganze mit Zucker ab.

Martha Emmenthal selbst lässt sich entschuldigen. Sie hat Angst, auf Katzenlotti zu treffen, und bleibt deshalb lieber zu Hause.

Sandwiches

Zutaten für 4 Sandwiches:

8 Toastbrotscheiben
4 Scheiben Schnittkäse
4 Scheiben gekochter Schinken
4 große Salatblätter
Butter
Ketchup

So wird es gemacht:

- Bestreiche die Toastbrotscheiben dünn mit Butter.
- Lege auf 4 der 8 Toastbrotscheiben jeweils ein Salatblatt und verteile darüber etwas Ketchup.
- Lege weiterhin je eine Scheibe Käse und eine Scheibe gekochten Schinken darauf.
- Den Abschluss bildet wieder eine Scheibe Toast.

Locke und Katzenlotti kommen auf Esel Lutz angeritten. Die drei sind unzertrennliche Freunde. Am liebsten spielen sie Verstecken oder plaudern stundenlang bei Kakao und Kuchen.
Für Lilis Fest haben sie einen Nudelsalat vorbereitet.

Nudelsalat

Zutaten für 8 Portionen:

200 g Hörnchennudeln oder andere
250 g Mischgemüse (Möhren u. Erbsen aus der Dose)
2 Gewürzgurken (aus dem Glas)
2 Paar Wiener Würstchen
150 g saure Sahne
1 Esslöffel Öl
1 Teelöffel Essig
Salz, Pfeffer

So wird es gemacht:

- Erhitze Wasser in einem Topf, lege die Würstchen hinein und lasse sie bei geschlossenem Deckel 10 Minuten ziehen.
- Koche die Nudeln nach der Anleitung auf der Packung, schrecke sie in einem Sieb unter kaltem Wasser ab und lasse sie gut abtropfen.
- Schneide die Gurken, die Würstchen und die Möhren vom Mischgemüse in kleine Stücke und vermische sie mit den Nudeln und Erbsen.
- Verrühre die saure Sahne mit dem Essig, dem Öl sowie Salz und Pfeffer.
- Gib sie unter den Salat und lasse diesen eine Stunde durchziehen.

Mit großem Hallo wird der nächste Gast begrüßt. Es ist Egbert, das Schwein. Er bringt einen süßen Kekskuchen und eine Kanne Sahne mit. „Für den Fall, dass hier einige Speisen fad schmecken“, sagt Egbert.

Lukullus

Zutaten für eine kleine Kastenform:

300 g Kokosfett
125 g Zucker
40 g Kakao
2 Eier
2 Packungen rechteckige Kekse

So wird es gemacht:

- Gib das Kokosfett in einen Topf und lasse es auf dem Herd bei kleiner Flamme schmelzen.
- Verrühre den Zucker, den Kakao und die Eier in einer Schüssel und gieße das sich abkühlende Kokosfett tropfenweise dazu. Rühre dabei immer weiter.
- Lege nun die Kastenform mit Pergamentpapier aus und fülle sie abwechselnd mit einer Schicht Schokoladenmasse und einer Schicht Kekse auf.
- Zum Festwerden wird der Lukullus einige Stunden in den Kühlschrank gestellt.
- Stürze dann den Kekskuchen aus der Form und schneide ihn vor dem Servieren in Scheiben.

Kurz darauf kommen Annette und ihr Freund Kurt. Sie knabbern warme Käsestangen, die sie beim Bäcker gekauft haben. „Hmmm, köstlich!“, sagt Annette und Kurt stellt die Tüte mit den restlichen Käsestangen auf den Tisch.

Käsestangen

Zutaten:

150 g Mehl
150 g Butter
150 g geriebener Emmentaler

So macht es der Bäcker:

- Der Bäcker knetet aus den Zutaten einen Teig,
- rollt ihn messerrückendick aus
- und schneidet ihn in 5 cm lange und 1,5 cm breite Streifen.
- Er legt die Streifen auf ein gefettetes Blech und backt sie bei mittlerer Hitze, bis sie goldgelb sind.

Friederike trifft mit dem Fahrrad ein. Auf dem Gepäckträger klemmt ein Bund Möhren aus ihrem Garten. Am Lenker hängt eine Tüte mit einer großen Dose. In der Dose befindet sich eine Möhren-Apfel-Speise, die viel besser schmeckt, als sie aussieht.

Möhrenrohkost

Zutaten für 4 Portionen:

300 g Möhren
1 Apfel
1 Zitrone
50 g Zucker
40 g geröstete Sonnenblumenkerne

So wird es gemacht:

- Putze die Möhren, schäle den Apfel und rasple beides.
- Vermische es in einer Schüssel.
- Presse die Zitrone aus, verdünne den Saft mit 3 Esslöffeln Wasser und füge Zucker hinzu.
- Gieße den Saft über den geraspelten Apfel und die Möhren.
- Röste die Sonnenblumenkerne in einer Pfanne leicht an und mische sie unter den Salat.

Nun wird es Zeit, das Fest zu eröffnen. Lili hebt ihren Becher und räuspert sich. „Liebe Freunde! Ich freue mich, dass ihr gekommen seid. Lasst uns ordentlich feiern!“ „Auf unsere Lili“, rufen die Tiere und stoßen mit den Bechern an. Dann machen sie sich vergnügt über die vielen Köstlichkeiten her.

Gegen Abend holt Lili ihre Geige und spielt ein paar schöne Melodien. Egbert begleitet sie auf dem Cello und Rolli singt manchmal dazu. Locke und Katzenlotti versuchen, Esel Lutz ein paar Tanzschritte beizubringen, aber er hat vier linke Beine.

Als das Fest auf seinem Höhepunkt ist, kommt noch ein letzter Gast: die Schnecke Christine.
„Da bin ich schon", sagt sie gelassen und legt ein verschnürtes Päckchen auf den Tisch. Es riecht sehr lecker ...

Rezept für ....

(Hier könnt ihr ein eigenes Rezept eintragen.)